Cormenin

L 51 b
1151

TROISIÈME

LETTRE POLITIQUE,

DE M. DE CORMENIN,

SUR LA LISTE CIVILE.

2ᵉ. édition.

PARIS,

Chez SÉTIER, Imprimeur-Libraire,

Rue de Grenelle Saint-Honoré, n. 29,

Et chez les Libraires du Palais-Royal.

1832.

TROISIÈME

LETTRE POLITIQUE

DE M. DE CORMENIN,

SUR LA LISTE CIVILE.

Si l'on me demandait : Combien M. Paul, conseiller d'état ou président de cour royale, doit-il dépenser par an pour tenir sa maison sur un respectable pied de cuisine, de logement, de voiture et d'entretien ? Je dirais, en comparant l'état de Paul au mien, telle somme peut lui suffire, et je ne me tromperais guères.

Si je montais jusqu'aux ministres, mes appréciations pourraient faillir un peu plus ; mais lorsqu'il faut calculer les dépenses d'un roi, c'est alors que les évaluations manquent tout-à-fait ; car comment, de près ou de loin, se comparer à un roi ? J'interrogerai donc le roi lui-même pour savoir ce qu'il veut nous coûter. Non, je suis trop respectueux et peut-être pas assez en faveur pour cela ; mais je demanderai à son ministre, à M. Barthe, par exemple, qui est venu dans le sein de la commission nous trouver de sa part, si l'on ne pourrait pas nous procurer, pour asseoir nos calculs, des évaluations som-

maires, un tableau des dépenses présumées, des têtes de
chapitres de services du moins. Là-dessus, il ne faut pas
que le ministre, qui dans ce moment-là songeait à toute
autre chose qu'à ma demande, vienne me répondre que
le jury doit être composé de telle ou telle façon, ou que
le suffrage universel, en fait de municipalités, ne vaut
rien ; car je ne vois pas trop, logiquement parlant, ce que
le jury et le suffrage universel ont à voir dans cette affaire. Il n'aurait pas fallu non plus que M. Barthe ajou-
tât qu'un pareil état n'était pas facile à dresser ; car cela
était tellement possible que cela a été fait, puisque les
agens du roi nous ont fourni, l'an dernier, un canevas
de dépenses qui a été redemandé, remanié, recommu-
niqué et repris.

Mais pourquoi donc refuser aujourd'hui ce qu'on offrait
hier ? Est-ce que la liste civile ne constitue pas un service public? est-ce que nous autres bourgeois, nous
pouvons calculer la dépense d'un roi? est-ce que les
mandataires de la nation peuvent lâcher l'argent de la
nation, n'importe à qui, sans savoir où cet argent-là
passe? est-ce que le roi des Français ne pourrait pas ,
sans déroger, se comporter comme le roi d'Angleterre ,
et la chambre des députés comme la chambre des com-
munes? Or, le roi d'Angleterre, à chaque avénement,
ordonne à ses grands officiers de présenter au parlement
tous les comptes de dépenses du règne expiré, et le parlement en ordonne à son tour le dépôt, l'impression et
la publication.

Il règne dans l'exposition de ces comptes une clarté ,
un ordre, un détail admirables. Ce sont cependant des
comptes de cuisinière , et j'ai beau voir d'ici un sourire

dédaigneux errer sur les lèvres pincées de nos courtisans; oui, Messieurs, ce sont des comptes de cuisinière, et vous allez bien vous moquer en lisant l'extrait suivant, où l'on trouve ce que le roi d'Angleterre a dépensé pendant l'année 1820, par exemple, en pain, viande, légumes, beurre, fromage, lait, bière, etc.

Livre de cuisine d'un roi gentilhomme.

Pain..........................	35,550 fr.
Beurre, lard, fromage et œufs....	60,075
Légumes........................	7,675
Viande de boucherie...........	144.625
Volailles.....................	86,675
Poissons......................	44,200
Ale et bière..................	62,275
Chandelles....................	24,275
Epiceries.....................	60,350
Huile	37,950
Fruits et confitures..........	15,550
Lait et crème.................	17,950
Lampes........................	175,750
Blanchissage du linge de table..	42,550
Charbon.......................	179,850
Papier	15,700
Coutellerie, chaudrons, etc....	9,175
Porcelaine, faïence et verre....	41,025
Linge.........................	80.425
Gages des domestiques.........	77,775
Indemnité pour beurre de table.	15,200
alaire des domestiques extra...	53,850

J'ajouterai, pour faire rire nos courtisans français à gorge déployée, que le grand-chambellan d'Angleterre a la simplicité de donner aux commissaires du parlement le nom de chaque fournisseur, année par année, avec la nature des marchandises et le prix des factures acquittées.

Ainsi, on voit qu'en 1829, par exemple, il a été dépensé

En draps.............. 364 l. 7 sh.
En chapelleries. 35   1
En blanchissage 1,812 13   5

Etc., etc.

On voit pareillement figurer sur cet état, imprimé avec les détails les plus exacts et les plus minutieux, les mémoires des tailleurs, des merciers, des tapissiers, des bonnetiers, des gantiers, des opticiens, des graveurs, des menuisiers, des lingères, des modistes, des couturières, des cardeurs de matelas, des colleurs de papiers, des apothicaires et des ramoneurs.

Cela est bien bourgeois, n'est-ce pas, M. Barthe? Cela est tout-à-fait risible, et, pour parler comme l'un de nos orateurs, c'est là un sale détail. Conçoit-on, en effet, qu'un chambellan d'Angleterre, un lord qui a plusieurs millions de rente, un véritable grand seigneur, s'abaisse à dresser des comptes beaucoup plus exacts, beaucoup plus spéciaux, et par conséquent beaucoup meilleurs que ceux des ministres responsables du roi-citoyen? Que cela est ignoble! Il est évident que les Anglais, comme le répètent tous les jours nos faiseurs du trésor, n'entendent absolument rien à la comptabilité et aux conditions essentielles du gouvernement représentatif.

Cependant vous avez encore, Ministres du 13 mars,

un progrès à faire en matière de comptabilité : c'est de nous présenter en blanc le chiffre de votre traitement. Vous nous direz : Faites comme pour le roi. Vous ferez admirer votre désintéressement par la majorité de la chambre, dont tout le monde sait que vous ne disposez pas, et en résultat, vous n'y perdrez rien, je vous assure ; car l'expédient est productif.

Sommes-nous crédules nous autres bourgeois de Paris !

A peine eut-on remis les pavés des barricades, chacun dans son trou, que nous nous dîmes, en nous frottant les mains : « Enfin nous allons donc posséder un gouvernement à bon marché ! Ce sera une chose bien curieuse à voir, car elle est rare.

Sans doute, disions-nous, nous n'exigerons pas que notre roi ait la simplicité ridicule du président des États-Unis, qui, dans un pays assez riche pour n'avoir point de dettes, se contente de prélever sur le trésor une somme de 125,000 fr. ; il nous faut absolument, à nous qui ne savons comment payer nos dettes, un roi qui ait cinquante fois plus de fortune que le chef glorieux de cette puissante république, quoiqu'il n'ait pas un pouvoir cinquante fois plus grand. Ce roi, tout-à-fait désintéressé, nous le trouvons dans Louis-Philippe. Quelles dépenses pourrait donc faire un prince qui n'a ni chiens, ni chevaux, ni spectacles, ni chambellans, ni confesseur, ni maîtresse? Celui-là ne nous coûtera rien. Ah ! ce n'est pas lui qui nous demandera une obole de plus avec ses 5 millions de revenu net. Il se contente de si peu ! Allons-nous être heureux d'avoir enfin un roi bourgeois ?

Bourgeois tant que vous voudrez! ce n'est pas là la question. Il ne s'agit pas de savoir ce qu'il est, mais ce que nous lui donnons, nous commissaires de la liste civile, chargés de faire, dans ce festin splendide, les honneurs de la nation. D'abord, 12 ou 14 millions à tirer à la courte paille; ensuite 4 millions de revenu, bon an, mal an, en terres et forêts; ensuite, douze beaux palais de ville et des champs avec leurs parcs, eaux et jardins; ensuite, des musées, diamans, bibliothèques et manufactures; ensuite, 52 millions de mobilier; ensuite, 2.559,912 francs d'apanage; ensuite, un usufruit de 2 millions; ensuite, un million pour le prince royal; ensuite, un domaine pour la reine; ensuite, des dotations pour les princes.

Il est vrai que le fardeau vous paraîtra moins lourd, si vous voulez bien considérer qu'il a été habilement distribué en quatre parties : la dotation de la couronne, le domaine privé, l'apanage et la liste civile, tout est prévu, rien n'y manque.

Il faut encore ajouter, pour compléter l'œuvre, que nous dégrévons la liste civile actuelle des dettes et charges de l'ancienne, pour en reporter obligeamment le poids sur l'état.

Ainsi, le roi n'aura plus ni pensions de 6 millions à payer, ni théâtres, ni maison militaire, ni chambellans dorés, ni vénerie, ni grands et petits écuyers, ni grande et petite aumônerie, ni gouverneurs de châteaux, ni état-major et le reste.

Diminuer les charges et accroître les revenus, il y a là-dedans du génie financier.

Honnêtes et sincères bourgeois, qu'en dites-vous ? C'est singulier, je vous trouve tous ébahis.

Mais pour achever de vous réjouir; repassons un peu les détails de votre gouvernement à bon marché !

La dotation de la couronne comprendra les châteaux, les musées, les manufactures, les bois et les fermes.

Les châteaux : c'est le Louvre, les Tuileries, Saint-Cloud, Meudon, Fontainebleau, Compiègne, Trianon, Pau, Strasbourg, l'Élizée, Bordeaux, Versailles.

Comment, Bordeaux et Strasbourg aussi, qui sont à l'extrémité de la France? Eh ! sans doute, répondent certains députés. Ne faut-il pas que le roi soit magnifiquement logé lorsqu'il voyage? Si donc Louis-Philippe aimait ses commodités et la truelle, il faudrait, à chaque relai de poste, lui bâtir un château royal ! Nous avons bien vu Napoléon, enveloppé de sa capote grise, coucher sur les neiges glorieuses d'Austerlitz ; mais un roi bourgeois ne saurait gîter dans une auberge. Où ai-je donc lu que nous étions un peuple de valets?

Nous allons avoir un trésor royal, des forêts royales, des châteaux royaux. Et la nation, Messieurs!

Pourquoi le Louvre, Fontainebleau, Compiègne, Versailles, ne seraient-ils pas des palais nationaux? Ils sont en rapport avec la grandeur de la nation. Ils ne le sont pas avec les modeste proportions d'un prince que 219 députés, ni plus ni moins, ont, dans la séance du 7 août 1830, appelé au trône.

Louis-Philippe ne pouvant les habiter, en sera le gardien et non le possesseur. Alors, autant vaut y mettre un concierge. Laissez Versailles à la couronne, ce sera un hospice de gens de gens de cour, un élégant dépôt de mendicité. Laissez Versailles à la nation, elle placera dans les galeries de riches collections, des écoles normales, et des Musées de tableaux, de statues et d'antiquités. Elle y accordera une noble hospitalité à ces savans, à ces artistes, à ces hommes de lettres, que, dans ce siècle des capacités, nous avons si judicieusement chassés de nos élections et de nos chambres, parce qu'ils ne possédaient pas quelques terres à froment, ou quelque pignon sur rue, et qu'ils n'avaient reçus de la Providence que les dons célestes de l'intelligence et du génie.

Si les Tuileries avaient été un palais national, on ne verrait pas un architecte défigurer leur majestueuse simplicité, priver le public de ses passages, embarraquer de planches les jardins que la main savante de Lenôtre dessina, arracher de leurs fondemens, et jeter dans la poussière, des statues qui avaient prescrit leur nationalité.

Au commencement, c'était le peuple qui avait tout fait. Comme il était grand! Comme on lui serrait les mains! Comme on chantait les chants du peuple! Comme on s'abaissait devant la souveraineté du peuple! Mais nous avons changé tout cela : la souveraineté de la raison, comprenne qui pourra, a remplacé la souveraineté du peuple; on ne se prend plus les mains et les chants ont cessé.

Nos ministres ont fait retirer tout doucement la nation derrière la toile. En bons et vrais courtisans, ils ont mis le prince sur le premier plan, et comme les temps sont durs, ils ne demandent tout au plus qu'une vingtaine de millions pour lui acheter des oripeaux et pour en faire, malgré lui, sans doute, un roi de théâtre.

Des châteaux royaux passons aux fabriques royales.

Le monopole des manufactures royales a été utile dans l'enfance de l'art; mais, comme tant d'autres choses, il a fait son temps.

Il ne faut pas prétendre qu'il n'y a pas ici de monopole; car si vous donnez à une fabrique les bâtimens, les matières premières et l'argent; si elle ne paie aucune imposition, ni foncière, ni des portes et fenêtres, et si vous ne lui interdisez pas de vendre ses produits, vous direz tout ce que vous voudrez, mais il y aura monopole.

Si ces fabriques sont purement industrielles, pourquoi ne les laissez-vous pas à l'industrie? Si elles constituent des écoles savantes, pourquoi ne pas les remettre au ministre de l'intérieur? Mais le ministre pourrait les supprimer! c'est qu'alors elles seront inutiles. Mais les chambres ne voteraient pas de fonds! c'est qu'il n'y aura pas nécessité d'en voter. Comment! parce qu'un abus pourrait être détruit par la législature annuelle, il faudra l'encastrer dans la liste civile de manière qu'il ne puisse pas en sortir! Parce qu'un chancre dévorera le budjet, il ne faudra pas que la chambre l'en guérisse! les belles raisons!

On meuble aujourd'hui les châteaux royaux avec des papiers veloutés d'or et d'azur, et des brillantes draperies de soie. Les lourdes tapisseries des Gobelins sont reléguées dans les gardes-meubles; mais on les envoie en présent au Grand-Turc. Eh bien! on lui enverra autre chose : ce n'est pas pour le Grand-Turc que nous votons une liste civile.

Pourquoi ne pas aussi livrer au monopole royal l'imprimerie et l'horlogerie? C'est que l'art ingénieux des

Breguet et des Didot a surpassé les œuvres stationnaire
du monopole. Il en est de même du reste.

Quelle nécessité de faire ouvrer par les fabricans d
monopole des tapis à 1,000 fr. le mètre carré? Cela e
beau à voir, c'est vrai; mais cela coûte. Versailles aus
est beau à voir; mais faut-il bâtir un autre Versailles?

Avec de l'argent, on fait éclore, sous les serres chau
des, des ananas et des roses au sein des plus rudes h
vers; mais avec cet argent-là on achèterait du pain pou
les pauvres. Lequel vaut mieux?

Le peuple n'a pas seulement des nattes de paille;
grelotte de froid sur le carreau nu, et il faudra mettr
sous les pieds des courtisans des tapis doux et soyeux
bigarrés de fleurs vives et de paysages (1).

Pourquoi donc aussi monopoliser entre les mains d
roi, l'art de frapper les médailles? Si je veux avoir la vé
nérable figure de Lafayette, je la fais graver sur une pierre
et je ne puis l'avoir en métal sans la permission d'u
courtisan? Qu'est-ce donc qu'une médaille? c'est un
lithographie en bronze. Je demande si ce n'est pas là d
monopole tout pur.

Ne s'avise-t-on pas aussi de vouloir faire du roi un en
trepreneur des beaux arts?

Lorsque la souveraineté du peuple est la base d'u

---

(1) 24,000 personnes inscrites sur les contrôles du 12ᵉ arrondiss-
ment de Paris, manquent de pain et de vêtemens. Beaucoup sollic
tent comme une faveur quelques bottes de paille pour se coucher.

1 fr. suffirait pour empêcher plusieurs enfans d'aller pieds nus pe
dant la mauvaise saison, et 50 fr. suffiraient pour arracher plusieu
familles aux horreurs et peut-être au désespoir de la misère. (*Circ
laire du bureau de bienfaisance du 12ᵉ arrondissement, 1ᵉʳ janvier 183*

gouvernement, il faut que tout découle de ce principe. Il faut que tout respire en quelque sorte les émanations de la grandeur nationale.

Pourquoi le Louvre avec ses tableaux et ses statues ne resterait-il pas entre les mains de la nation ? Pourquoi ne ferait-on pas cesser cette usurpation de Napoléon continuée par Louis XVIII ? Encore Napoléon gardait lui-même le fruit de ses magnifiques conquêtes, et si l'infidélité de la victoire ne nous les eût pas ravies, il n'y a que la nation qui eût été digne d'en hériter.

Pourquoi donc l'artiste irait-il tendre la main à quelque courtisan, et ployer les genoux devant lui, pour en recevoir un dédaigneux secours ? Est-ce ainsi que l'on comprend la dignité des artistes et leur fière indépendance ? Seront-ils au milieu de leurs concitoyens, attachés comme des ilotes à la glèbe de la cour ? Mais qui donc achèterait les statues et les grands tableaux ! Qui donc ? la nation.

La nation, lorsqu'elle achète, garde et jouit. La nation a un ministre responsable qui conserve les chefs-d'œuvre auxquels elle attache noblement ses plaisirs et sa gloire. La nation n'a chargé personne de communiquer aux artistes ses inspirations et ses récompenses. La nation n'a pas besoin qu'on la représente, c'est-à-dire qu'on l'efface par une personnification empruntée... La nation est assez grande, assez glorieuse, assez intelligente pour se représenter elle-même, et pour remplir les plus vastes palais de sa propre majesté. La nation n'a pas de domaine privé, où s'enfouissent les statues et les tableaux achetés avec son or. La nation ne souffrirait pas que ses mandataires votassent, pour l'inutile et rui-

neux achèvement du Louvre, travail de vaine gloire
des sommes énormes qui seraient si bien employées
construire des routes, des ponts, des canaux, des halles
des théâtres, etc., qui consoleraient la France intellec
tuelle et sensible en ranimant le génie des arts, si lan
guissant dans nos provinces.

Enfin, si vous ôtiez au roi les terres et les fermes d
la dotation, vous les restitueriez au commerce, à l
mobilisation et à l'impôt, et vous diminueriez, en mêm
temps, les écritures et les frais de l'intendance.

Si vous ôtiez au roi les bois de la dotation, vous le
restitueriez aux agens forestiers de l'état, qui les régi-
raient avec plus d'habileté et de profit.

C'est une fausse idée d'économie politique de s'ima-
giner que la possession royale de ces vastes domaine
importe à la richesse et au bien-être des localités.

Voyez aussi, disait-on, le propriétaire de ce châteat
féodal! Il nourrit les pauvres, il répand ses bienfaits su
tous les habitans du village dont les terres lui appartien
nent. Il est leur seconde providence.

Eh bien, ce château a été vendu ; le parc s'est convert
en chenevière ; les allées portent des céréales. Les habitans qui vivaient d'aumônes, vivent de leur travail. L
richesse territoriale a décuplé. L'abondance est où étai
la misère. Chacun est devenu propriétaire. Il paie l'impôt, il est citoyen, il aime mieux son pays.

Je conclus donc qu'il ne faut laisser à la couronne, n
tant de châteaux, ni les manufactures, ni les musées
ni les fermes et terres, ni les forêts.

Après avoir nettoyé la dotation, entrons dans les spé-
cialités de la liste civile.

Ici, il faut se garder des confusions de gouvernemens, de temps, de mœurs, de pays et de souverains, qui amèneraient bientôt des erreurs de chiffre.

Ainsi, il ne faut pas dire : Charles X coûtait au trésor 30 millions. Louis-Philippe ne lui en coûtera que 15. Donc, c'est 15 millions de gagnés. Je dis que ce n'est pas ainsi qu'on doit poser la question. Il faut voir ce que Charles X dépensait follement et ce que Louis-Philippe doit dépenser sagement. Voilà la thèse.

Il ne faut pas dire, non plus, que le montant de la liste civile réparti sur chaque habitant donne, par exemple, en Angleterre, 1 f. 3 c. par tête; en Bavière, 19 c., et en France, 16 c. ; pour en conclure que nous devons grandement nous réjouir de ce que l'on veut bien nous débarrasser de notre argent, et que nous sommes, en vérité, trop heureux d'en être quittes à si bon marché.

C'est mal raisonner : en effet, on pourrait tirer la même conséquence de toute nouvelle dépense de 33 millions, ce n'est, après tout, dirait-on, que 1 f. par tête. Ne voilà-t-il pas de quoi se plaindre ? Qui ne donnerait 1 f. par tête ? Mais, si le pauvre artisan ou laboureur a déjà sur les bras son vieux père, sa femme et ses nombreux enfans, et que vous lui demandiez 1 f. par-ci et 1 f. par là, pour chaque tête, ce sera 8 ou 10 f. pour une seule dépense; puis, autant pour telle autre; et, en définitive, il ne pourra plus payer. C'est ce qui n'est pas encore arrivé, mais c'est ce qui ne tardera guère, au train ruineux dont nous y allons. D'ailleurs, n'oublie-t-on point que le pauvre verse dans l'impôt indirect une plus forte part que le riche ?

Toutes les règles d'équations absolue sont très injustes,

parce qu'elles sont très inégales. N'entendons-nous pa
sonvent établir, d'après les tables de mortalité, que, dar
la ville de Paris, chaque homme vit tant d'années; ma
entre l'homme riche et insouciant de la Chaussée-d'Ar
tin et le misérable ouvrier de la Cité, accablé de ladr(
rie, il y a la même inégalité en vitalité qu'en jouissance:

Enfin il y a des députés qui, sans s'inquiéter de la dé
pense effective, disent : Donnons un millions par moi
c'est une somme ronde. En effet, pour la symétrie, ce
va bien ! Un million, mais les contribuables aimeraier
autant les échancrures.

Et puis c'est plutôt fait ! ajoutent-ils.

Il est vrai que la France crève de superflu, et qu'ell
est si pressée qu'on l'en décharge.

Les comparaisons avec la liste civile des autres che
de nations ne clochent pas moîns que les équations d
nos savans; car si je veux prendre pour l'un des term(
de la comparaison le traitement du président des Etat;
Unis, vite on me répond : Nous ne sommes pas dans un
république.

Et si, à votre tour, vous prétendez comparer Louis
Philippe à Charles X, je vous réponds : Nous ne somm(
pas dans une monarchie octroyée.

Toutefois le lecteur va tirer avec moi des inductior
curieuses et assez approximatives des documens que
vais mettre sous ses yeux, et qui sont relatifs aux list(
civiles des présidens, des consuls, des empereurs et d
rois,

Je ne parlerai pas du budget accordé à Louis XVI pa
le décret du 3 juin 1791. Ce budget avait moins pour ok
jet de reconnaître et de constater la réalité des dépense

que de servir à marquer la transition de la royauté absolue à la royauté constitutionnelle. Ce n'était pas, à proprement parler, un budget, mais une transaction, une espèce de rachat. Nous n'en sommes pas là heureusement, et le peuple français fait ses conditions à la royauté, et ne les reçoit plus d'elle.

Il y a assurément moins de distance entre l'empire français et l'empire américain, malgré les espaces de l'immense Océan, qu'entre la liste civile de Louis-Philippe et la liste civile du président des Etats-Unis.

Car si la liste civile de Louis-Philippe, avec la dotation immobilière, l'apanage et accessoires, monte à près de 25 millions, Louis-Philippe sera, tout juste, deux cents fois plus riche que le président des Etats-Unis, qui n'a qu'un traitement de 125,000 fr.

Je ne crois pas, après cela, qu'on nous accuse d'une tendance trop forte au républicanisme. Mais, d'un autre côté, il faut convenir que s'il n'y a rien de meilleur au monde qu'un roi, il n'y a rien non plus qui coûte plus cher.

Lorsque le héros de l'Italie prit les rênes du gouvernement consulaire, il recevait un traitement de 500,000 francs, et par conséquent il coûtait, diront nos profonds économistes, 1 c. 1\2 par tête d'habitant. Mais alors les Alpes abaissaient leurs cimes sous les pas de nos guerriers. Bonaparte gravait sur des tables d'airain les magnifiques prolégomènes du Code civil; il organisait, de sa main puissante, l'administration, les finances, la guerre et les lois. La France était libre, grande, forte, glorieuse, tranquille au-dedans, respectée au-dehors. Les peuples respiraient et les rois tremblaient. Aujour-

d'hui, les rois respirent et les peuples tremblent ; auj[...]
d'hui, nous entendons dire que la richesse fait la fo[...]
Bonaparte était-il faible ? Non. Mais c'était un a[...]
homme ! j'en conviens.

Mais, repassons la mer, et jetons un coup d'œil[...]
la liste civile de l'aristocratique Angleterre :

LISTE CIVILE DU ROI D'ANGLETERRE (avril 1831).
Première classe.

Bourse du roi	1,500,00
Dotation de la reine	1,250,00

Deuxième classe.

Grand-chambellan	50,00
Vice-chambellan	17,50
Pages du tabouret	37,50
Lords de la chambre	250,00
Musique	75,00
Capitaine des gardes	12,50
Quatre médecins	10,00
Deux chirurgiens	5,00
Bas-officiers et service d'emplois supprimés	953,10
Maître-d'hôtel	50,00
Trésorier de la couronne	12,50
Contrôleur	12,50
Secrétaire de l'hôtel	18,75
Bas-officiers id.	781,37
Grand-écuyer	62,50
Premiers écuyers et commis	18,7[...]
Quatre écuyers	60,00
Quatre pages d'honneur	20,00

A reporter 5,196,97

Report	5,196.975
Chirurgien vétérinaire	7,500
Ecuyers de la couronne	8,750
Bas-officiers id.	484,125
Grand-maître de la garde-robe	21,250

Troisième classe.

Mémoire des fournisseurs	4,287,500

Quatrième classe.

Fondations royales	212.500
Aumônes et charités	78,150
Pauvres de Londres	25,000
Dépenses secrètes de l'intérieur	250,000

Cinquième classe.

Pensions	1,875,000
Total	12,246,750

Chose curieuse! voilà une liste civile qui ne monte qu'à 12,246,750 francs, dans le pays le plus aristocratique de la terre, dans un pays où il y a des grands seigneurs qui ont plus de deux millions de rentes, dans un pays où il y a des fonctionnaires qui touchent plus de 1,800,000 fr. de traitement, dans un pays où la féodalité politique et nobilière entoure le trône de ses priviléges, de son faste et de ses exigences.

Maintenant, ôtez de la liste civile anglaise les traitemens féodaux des grand-chambellan, vice-chambellan, page du tabouret, lords de la chambre, grand-écuyer, grand-maître de l'hôtel et de la garde-robe et pages

d'honneur, les officiers ; supprimez les dépenses (
la vénerie, les fonds secrets de la police, les pension:
les fondations royales, et la différence des prix des s:
laires et fournitures, et vous verrez que la liste civile (
roi d'Angleterre, réduite aux proportions de ce qu'el
serait en France, ne monte pas au-dessus de 7 millions
et l'on nous en demande 14 pour un roi bourgeois ! Le
teurs, vous avez les chiffres sous les yeux, faites vou:
mêmes le calcul.

Maintenant, rapprochons-nous de la France, (
voyons ce qu'était la liste civile de l'empereur Napoléo
Je vais l'extraire d'un budget qui n'a jamais été publié
et sur lequel figurent les réductions tracées en 1815, (
sa propre main, à l'encre rouge. On y verra que Nap
léon avait l'âme trop haut placée pour faire de la lis
civile une spéculation, ou, en termes de banque, ur
affaire de bourse.

LISTE CIVILE DE L'EMPEREUR NAPOLÉON.

Dépenses ordinaires en 1814.		Réductions fai par Napolé lui-même 1815.
Grand-aumônier	241,200 f. —	99,100
Grand-maréchal du palais	2,700,000 —	1,976,600
Grand-chambellan	2,478,440 —	1,835,942
Gouvernante des enfans de France	261,860 —	221,260
Grand-écuyer	2,800,000 —	2,000,000
Vénerie	445,000 —	165,814
Grand-maître des cérém.	140,000 —	76,000

Intendant-général.	3,076,812	— 2.557.635
Trésorier - général.	267,500	— 214.400
Secrétairie d'état.	417,000	— 417,000

Dépenses extraordinaires.

Grand aumônier.	»	— »
Grand maréchal du palais.	120,000	— 60,000
Grand chambellan.	299,000	— 200,000
Gouvernante des enfans de France.	»	— »
Grand écuyer.	200,000	— »
Vénerie.	»	— »
Grand-maître des cérém.	»	— »
Intendant-général.	1,758,424	— 2,122,013
Trésorier-général.	12,000	— 22,500
Secrétaire d'état.	»	— »
Fonds extraordinaires des bâtimens.	3,700,000	— 1,671,766

Totaux. . 18,917,236f. —13,639,830

Mais il faut retrancher du bûdget de 1815 :

1° Sur les dépenses des bâtimens, eaux et jardins, qui se compensent aujourd'hui et bien au-delà, avec les revenus en domaines et forêts. . . . . 3,324.000 f.

2° Sur la grande aumônerie. 49.000

2° Sur la maison militaire. 350,000

4° Sur le service de santé. 250,000

5° Sur le cabinet de l'empereur. . . . 200,000

6° Sur le grand chambellan, la vénerie les pages, les dames-d'honneur, gouvernantes et présens. 1,000.000

A reporter, ... 5,173,000 f.

Report......... 5,175,000 f.
7° Sur l'intendance et le trésor.... 100,000
8° Sur le grand écuyer......... 1,200,000
9° Sur le secrétaire d'état........ 420,000

Total....... 6,893,000

Otez cette somme du budget impérial de 1815, il re
tera 6,746,850 fr., et vous trouverez que Louis-Ph
lippe, avec cette somme et son train de maison, ser
aussi riche que Napoléon, sans compter l'usufruit de
biens privés, les revenus de l'apanage et l'excédant d
l'actif de la dotation sur le passif.

Il faut ajouter que Napoléon, naguère vainqueur d
l'Europe, maître de ses trésors et empereur absolu
s'imposait durement les sacrifices de la mauvaise fo
tune, tandis que Louis-Philippe, porté sur les bras d
la liberté, sort de la condition privée pour monter, e
riant, sur le plus beau trône de l'univers, où viennen
doucement le bercer les images grâcieuses d'une lis
civile de quatorze millions, accompagnés de plusieu
autres.

On sait que la liste civile de Charles X a été votée d
complaisance, sous l'empire d'un principe, et dans u
autre ordre d'habitudes et d'idées; la voici :

Liste civile de Charles X (budget de 1830).

Un intendant-général......... 100,000 f.
Deux grands-aumôniers...... 693,000
Service de l'hôtel............ 1,697,700
Gérant des châteaux......... 809.352

A reporter....... 3,300,052

Report......	5.300,052
Matériel des châteaux........	1,143.930
Chambre...................	1,248.500
Garde-robe................	182,575
Faculté...................	176,000
Grand-écuyer...............	2,399.607
Grand-maître des cérémonies.	114,330
Grand-veneur (1)............	690,061
Intendance générale........	438,170
Pensions (2)...............	4,500,000
A reporter......	14,195,225

(1) Cent dix personnes coûtaient 250,000 f. ; en outre, il y avait des agens forestiers chargés des préparatifs pour les prises et destruction de la population *légitime et illégitime* des forêts, c'est-à-dire du gibier et des animaux nuisibles.

On avait employé pour dix *tirés*, 1,582 sous-officiers et soldats de la garde royale, à raison de 2 f. 50 c. pour les sergens, 2 f. pour les caporaux et 1 f. 50 c. pour les soldats.

La nourriture des jeunes faisans , outre les grains de toute espèce, a nécessité, en 1828, la livraison de 40 à 50 mille litres de vers blancs, et autant au moins de larves de fourmis. Pour échauffer les faisans dans les parquets où ils sont enfermés, on a fourni plus de 200 mille œufs de poule, 3 à 4 mille kilos de sucre, et un grand nombre de voitures de marc de raisin.

Quand aux piéges , bascules et assommoirs, la nomenclature des animaux nuisibles auxquels ils sont destinés, présente plus de trente espèces, tant *fourrés* qu'*implumés*. Des animaux domestiques, qui ne sont nuisibles que par exception, tels que les chats, au nombre de 12 à 15 mille, et 7 à 8 cents chiens, figurent dans ces espèces d'hécatombes offertes plus particulièrement aux habitans des faisanderies.

Les primes acordées pour la destruction, varient depuis 25 cent. pour une pie , jusqu'à 2 fr. pour un vieux renard, 50 c. pour un chien et 1 fr. pour un chat.

(2) Le parlement anglais a ordonné l'impression de toutes les pensions de la liste civile, avec le nom des pensionnaires, la date de la constitution et la somme.

Report......	14,193,225 f.
Indemnités, grâces, secours..	1.334.970
Cassette du roi	900,000
Caisse des fonds part. du roi.	18,000
A reporter......	15,446,195 f.

Voici le relevé *inédit* des pensions de cour, inscrites sur la liste civile de Charles X (budjet de 1830), et qui excédaient 2,000,000 f.

Duchesse de Fleury.. . .	6,000 f.	De Cotte (3 personnes)..	9,000 f
— de Rohan.. . .	3,000	De Durfort-Duras	6,000
— de Rohan-Chab.	4,500	De Belsunce........	4,000
— de Laval.'·. .	6,000	Des Ecotiers.	5,000
— de Norbon.-Lara	3,000	De Goursac........	4,000
— de Norb.-Pelet!	18,000	De Fontenilles.......	2,000
Marq.et C^{ses}deBouchamp	4,000	De Mesnard........	3,000
— de Boursonne. . .	4,000	Idem.	6,000
— d'Alvigny.	3 000	De Peyrelongue	3,000
— de Merfeville. . .	5,500	De Vaudreuil........	4,000
De Laroche-Lambert . .	2,000	De Gain..	3,000
De Suisseval	3,000	De Goutaut	4,000
De Tourzel.	25,000	De Geslin.	4,000
De Soucy.	7,000	Du Roure.	5,000
De Montmorin	5,000	De Pusiguieux.......	3,000
De Donnissens.	8.000	De Fuarnés	5,000
De Laroche-Aymon . . .	6,000	De Poilvilain........	6,000
De Champlot........	2.000	De Colbert.	5,000
De Polignac........	2,000	De Montesquiou.....	2,500
De Canillac........	5,000	De Cubières.......	3,000
De Marguerie.......	5,000	De Montaignac.	2,000
De Raigecourt.......	3,000	D'Ainnery..	4 000
De Chabrillan.	2,000	De Gain-Montagnac . . .	2,250
Du Bocage	3,000	Duchesse de Baufremont.	20,000
D'Ainnery.	4,000		

Le duc d'Esclignac recevait 12,000 f. ; M. Pornier de Saint-Lary
6,000 f.; la famille Cathélineau, quatorze pensions ; le comte de So
hal. 6,000 f. ; le duc de Maillé, 4,000 f.; l'abbé Le Duc, 20,000 f.
enfin, un pensionnaire avait eu la précaution de tirer 90,000 f. pou
rachat de sa pension de 4,500 f.

Report........	15,446,195 f.
Théâtres royaux...........	584,306
Traitemens divers.........	403,139
Archives de la couronne....	23,500
Acquisition d'immeubles....	150,000
Ordres du roi	24,000
Logemens de cour et suite..	59,000
Trésor....................	323,150
Bâtimens..................	3,050,000
Forêts....................	1,200,000
Domaines..................	502,700
Mobilier de la couronne....	1,078,601
Bibliothèques.............	201,870
Présens...................	60,000
Dettes....................	70,000
Avances remboursables...	366,720
Maison militaire........	2.300,000
Dotation des princes et prin.	5,200,000
Direc. gén. des beaux arts.	150,950
Musées.................	786,081
Monnaie et médailles...	406 900
Manufacture de Sèvres...	326,560
———— des Gobelins...	288,083
———— de Beauvais....	78,400
Théâtre royal de l'Op. Com.	600,000
Prévisions de crédits à reporter à divers services..	110,510 f.
Total............	34,571,568 f.

Il n'y a peut-être pas un seul de ces services qui ne soit sujet à d'immenses réformations, et je n'ai pas besoin de les indiquer à la sagacité du lecteur. C'est ainsi, par exemple, que le service du grand-écuyer peut être réduit, on en conviendra ; car je ne sache pas que la nation veuille donner à Louis-Philippe pour 2,399,607 fr. de chevaux. Il y a mille autres dépenses qu'on peut, ou tout-à-fait retrancher ou réduire presqu'à rien ; telles sont celles du chapitre du grand-aumônier.   653.900 f.

— de la chambre.   800,000
— du service de l'hôtel (plus de moitié). 1,000,000
— du gouvern. des châ. et du matériel.   800,000
— de la garde-robe   150,000
— de la Faculté.   150,000
— du grand-écuyer et des pages. 1,800,000
— du grand - maître des cérém.   80,000
— du grand-veneur.   690,000
— des Pensions et indemnités. 5,834,000
— de l'intendance générale et du trésor. 461,000
— des théâtres royaux et de l'Op.-Com.   984,000
— des acquisitions d'immeubles, vivres
    du roi, logemens de cour et de suite. 223,000
— des forêts et domaines.   700,000
— du mob., des dettes et avanc. remb.   676,000
— de la maison militaire. 2,300,000
— de la dotation des princes. 5,200,000
— de la monnaie des médailles.   406,900
— des traitemens divers.   403,000
— de l'intendance-générale.   60,000

Total des retranchemens sur les divers services. . . . . 23,281,800 f.

Récapitulation.

Liste civile de Charles X. . . . . .   34,571,568 fr.
Retranchemens. . . . . :   23,281,800
                                      —————————
                        Reste.   11,289,768 fr.

Ce n'est pas moi qui excuserai tant de services ruineux et tant de folles profusions; mais, il faut être juste, *Charles X* n'avait pas le vice le plus honteux dans un prince, l'avarice; le démon du gain ne possédait pas ses jours et ses nuits; il ne cherchait pas à faire de la liste civile une bonne affaire. Il n'envoyait pas grossièrement injurier les députés qui, malgré son goût pour la censure, réclamaient, comme moi, le jury pou. la presse; qui attaquaient l'hérédité de la pairie et ses dotations; qui flétrissaient les turpitudes électorales et qui votaient contre son budget; et lorsqu'il y a dix-sept ans je demandais, comme aujourd'hui, les assemblées primaires, et que j'allais, sous l'habit de garde national volontaire, défendre mon pays contre l'invasion des étrangers, je ne m'attendais pas qu'un jour on viendrait, de la part de quelque personnage que ce puisse être, me prier de solder l'arriéré de mon patriotisme. Mon compte est facile à établir. Mais il y en a un qui l'est moins, c'est de nous dire ce qu'on a fait jusqu'ici pour notre gloire, pour notre bien-être et nos libertés. Quand nous soldera-t-on l'arriéré de ce compte-là ? Je reprends :

Ces 25 millions, retranchés de la liste civile de Charles X, ne laisseraient plus que 11,295,768 fr. ; mais il y a encore à déduire de cette dernière somme 3,852,700 f., qui forme le passif de la dotation de la couronne, et qu'il faut extraire de la liste civile, pour la reporter sur l'acti[f] de cette dotation, qui la compense et l'absorbe ; en sort[e] que le chiffre net restant, serait de 7,443,068 fr.

C'est un rapprochement curieux et qui n'échapper[a] pas à la sagacité du public, que les listes civiles du ro[i] d'Angleterre, de Napoléon et de Charles X, réduite[s] aux dimensions de notre royauté bourgeoise, tournen[t] approximativement autour de 7 à 8 millions tout au plus.

Les courtisans vont se récrier, et ils diront que c'es[t] folie de ne pas monter ses prétentions plus haut ; et, e[n] effet, les agens de la couronne qui gardent cette fois-ci par ordre, un silence prudent, avaient eu, l'an dernier la gracieuseté de nous communiquer un état des dé[-]penses présumées de S. M. le roi Louis-Philippe, o[ù] fignrent, en toutes lettres, la somme de dix-huit mi[l-] lions, avec un peu plus.

Ce précieux état pourra donner une idée des besoin[s] de la royauté citoyenne. C'est une pièce historique [à] l'usage des mœurs du temps.

Budget des dépenses présumées de S. M. le roi Louis-Philippe.

Dépenses personnelles.	160,000 fr.
Cassette.	300.000
Cabinet..	60,000
Bibliothèque, souscriptions. . . .	250,000
Dépenses personnelles et bienfaits.	1,000,000
Aides-de-camp du roi.	360,000
Dépenses de la chambre . . , . .	230,000
Chambre, chapelle, traitemens. .	40,000
Musique, loges aux théâtres, re-présentations à bénéfice.	300,000

Gages. 650,000
Habillement et livrée. 200,000
Lingerie et blanchissage. 100,000
Chauffage. 250,000
Eclairage. 370,000
Bouche et office. 750,000
Cave. 180,000
Ecurie, 300 chevaux. 900,000
Haras de Meudon. 120,000
Intendance-générale. 480,000
Archives de la couronne. 25,500
Trésor. 320,000
Caisse de vétérance. 860,000
Secours et pensions. 1,500,000
Mobilier personnel. 1.200,000
Manufacture de Sèvres. 226,000
Manufacture des Gobelins. 288,000
Manufacture de Beauvais. 78,000
Beaux-arts et musées. 450,000
Objets d'arts. 500.000
Monnaie et médailles. 406,000
Forêts et domaines. 1,100,000
Bâtimens, personnel et matériel. . 3,050,000
Service de santé. 80,000
Frais de voyage. 1,000,000
Fêtes et cérémonies. 400,000
Présens. 150,000
Fonds de réserve pour tous les serv. 200,000

                            ——————
                  Total.. 18,533,500 fr.

Ce tableau, communiqué par les agens de la co
ronne, et dont je certifie l'authenticité, fait naître mi
réflexions. J'en serai sobre. J'aime mieux que le pub
commente, article par article, cet inconcevable pro;
18,533,500 fr., voilà la pensée intime! Ajoutez à
chiffre les 8 millions de la dotation, de l'apanage et
l'usufruit, et vous aurez 26,533,500 fr. Le voilà remp
ce chiffre qu'on laisse aujourd'hui en blanc, avec
abandon si français, avec un désintéressément si rar

850,000 fr. pour les gages et livrées! c'est 850 val
à 1.000 fr. pièce. Quel luxe oriental!

620,000 f. pour chauffage et éclairage! c'est 320,00
de plus que l'empereur Napoléon.

Un million pour vos somptueuses écuries! Eh! vc
avez à cinq cents pas de votre porte des milliers de cr
tures humaines qui n'ont pas pour se coucher la pai
de vos chevaux!

800,000 fr. pour frais d'administration! On voit bi
que ce projet a été manié par les bureaux. C'est pl
que sous Charles X. Carnot ne demandait pas tant pc
correspondre avec quatorze armées et pour organiser
victoire.

Un million pour frais de voyage! et notez bien que
ministres accompagnent! Mais il n'y aura pas tous
ans des élections; et puis, si l'on ne voyageait pas, q
deviendrait le million?

Il n'y a pas un seul article sous lequel je n'aperço
de caché quelque bénéfice de thésaurisation.

Je n'achève pas : le dégoût me prend, et la plume i
tombe des mains.

C'est sur cette pièce, beaucoup trop curieuse, que
première commission de la liste civile, dont la major

assurément n'était pas hostile au ministère, avait dressé
son travail (1).

M. de Rémusat, habile et consciencieux rapporteur de
la commission, après les investigations les plus exactes
eé à la suite de plusieurs conférences, rédigea avec net-
teté le projet suivant, qui fut provisoirement adopté, article par article.

*Budget des dépenses et recettes de la liste civile, dressé par la
commission de 1830.*

SERVICE PERSONNEL.

Dépenses personnelles. — Personnel,	15,000 fi	
Habillement,	35,000	
	50,000	— 50.000
Cassette. — Secours, bienfaits de la reine,		1,500,000
Cabinet,		50,000
Bibliothèque,		200,000
Service de la reine,		500,000
Service militaire, aides-de-camp,		150,000
Service de la chambre—Dépenses de la chambre,	150,000	
Chapelle.	40,000	
Musique et loges,	300,000	
	490,000	— 490,000
Service de la maison.—Gages,	650,000	
Livrée,	200,000	
Lingerie et blanchissage,	160,000	
Chauffage,	200,000	
Eclairage,	250,000	
Bouche et office,	500,000	
Cave,	150,000	
	2,110,000	— 2,110,000

A reporter 5,050,000

---

(1) Les membres de cette commission, étaient MM. Duvergier

Report.. . . . . 5,050.000

Service des écuries.—Ecuries,	880,000	
Haras,	120,000	
	1,000,000 —	1,000,000
Service de l'intendance.—Intendance,	350,000	
Trésor,	150,000	
Archives,	23,000	
	523,500 —	523,500
Caisse de vétérance,		500,000
Service du garde-meuble.—Garde-meuble.	1,000,000	
Soins,	300,000	
	1.300,000 —	1,300,000
Service des beaux-arts.—Personnel des musées;	100.000	
Entretien,	100,000	
Extraordinaire,	400,000	
	600,000 —	600,000
Service des domaines et bâtimens.—Domaines,	1,000,000	
Bâtimens,	2,200,000	
	3,200,000 —	3,200-000
Facultés,		800,000
Dépenses extraordinaires,		1,000,000
Total,		13,253,500

RECETTES.

Produit des domaines,	3,205,000	
Apanage (1829),	2,523,000	
Biens d'Orléans,	1,795,000	
	7,523,000 —	7,523,000
Excédant des dépenses,		5,731,500

de Hauranne, Duchâtel, Anisson-Duperron, Etienne, Jacques
fébvre, Génin, Rémusat, Thouvenel et Cormenin.

J'ai plusieurs remarques à faire sur ce projet.

Il donnait trop au roi et à la reine; car, en supposant que leurs charités montent à 2,000 fr. par jour (on dit 1,400), ce ne serait que 730,000 fr. par an, ils auront encore 1,320,000 fr. pour leurs fantaisies et menus plaisirs, indépendamment d'un million pour voyages et dépenses extraordinaires. Il semble donc qu'il serait largement pourvu à toutes ces dépenses, à peu près de pur luxe, avec deux millions.

Reste ci. . . . .   320,000 fr.

800,000 fr. de chevaux et voitures, au lieu d'un million, reste.   200,000

550,000 fr. pour les gages et la livrée, au lieu de 850,000 fr., reste.   300,000

Le chauffage et l'éclairage peuvent se réduire à ce qu'ils coûtaient sous Napoléon, c'est-à-dire à 300,000 fr., bénéfice. .   150,000

L'intendance et le trésor, avec des réductions d'emplois et d'employés, plus de de pensions à payer à 12,000 titulaires, plus de maison militaire, plus de milliers de hauts et bas officiers à salairer et à enregistrer, plus d'aumônerie, de vénerie et de théâtres, plus de bâtimens en ruines à réparer et à louer, et moins de fournitures à recevoir et à décompter, doivent largement faire leur service avec 300,000 fr. Bénéfice.   200,000

Le Garde-Meuble, qui n'aura plus à héberger un monde de courtisans, et qui a des piles de tapis, de soieres et d'étoffes brochées, entassées sans emploi dans ses vastes dépôts, peut être réduit de.   300,000

La faculté peut être réduite à 40,000 f., au lieu de 80.000 fr., puisqu'elle ne coûte au roi d'Angleterre que 15,000 fr., ci . .   40,000

Enfin la caisse de véterance, qui ne sera plus à la charge du roi, ci.   500,000

Total. . . . . , 2,010,000 f

Il est vrai que le projet ne laissait pas à la charge d[u] roi les Gobelins et Beauvais; mais, d'un autre côté. [il] retranchait de l'actif la forêt de Rambouillet. Ainsi [le] chiffre des réductions, toutes raisonnables, et que [le] lecteur peut faire lui-même, monterait à 2 millions, les[-] quels, ôtés de 13.253,500 fr. de dépenses, ne laisseraie[nt] plus que 11,253.500 fr.; par conséquent, en fixant l'ac[-] tif de la dotation, de l'apanage et de l'usufruit [à] 7,523,000 fr., tel qu'il est établi dans le projet ci-des[-] sus, il resterait à payer, par le trésor, une somme d[e] 3,730,500 fr.

Ainsi, la commission de 1830, composée de député[s] nommés, sous le régime des cent écus et du double vot[e] et dans laquelle on ne comptait que deux membres [de] l'opposition, M. Thouvenel et moi, n'accordait q[ue] 5,701,500 fr. de liste civile *proprement dite* ; et la com[-] mission de 1831, composée de députés nommés depu[is] la révolution de juillet par les électeurs de 200 fr., pr[o-] pose d'allouer au roi-citoyen une liste civile *propreme[nt] dite* de 14 millions ! Comment expliquer cette surpr[ise] nante contradiction? par les inspirations rétrogrades du ministère.

La commission actuelle a fait sonner bien haut le retranchement des maisons et bâtimens dont le tableau figure à la suite de son rapport; mais c'est tout bénéfice pour la liste civile; car, de ces bâtimens, les uns tombaient en ruine, les autres doivent être abattus; ceux-ci étaient occupés par des employés ou des services supprimés; ceux-là étaient, non pas loués, mais prêtés à des courtisans; plusieurs étaient tenus à rente emphytéotique, et quelques-uns à bail simple, mais sans paiement. Moins d'embarras, moins d'administration et moins d'entretien. C'est tout produit. Et lorsqu'on se décharge, on nous dit qu'on se dépouille. Dérision !

Il est de même des fermes et des forêts.

Les fermes, à mesure que les baux seront renouvellés, rapporteront un tiers de plus, parce qu'elles ne sont plus exposées aux ravages des bêtes fauves.

Les forêts ! qui sait au juste leur produit ? A-t-on tout porté sur les registres ? En Angleterre, terre classique du positif, on ferait une enquête. En France, on croit tout sur parole. En effet, le pouvoir ne dit jamais que la vérité ! La question préalable salue toujours les propositions d'enquête, d'impression, de communication et de dépôt. On aime mieux ne rien voir, se dépêcher, se faire attraper et grever le public. O le pays ruineux pour les contribuables ! O le bon pays pour le pouvoir !

Revenant à nos forêts, je ferai observer que la dépense de l'aplanissement des routes pour les chasses à courre était reporté au passif des forêts; qu'il faut déduire de ce passif pour entreillagemens de la grosse et

petite bête, 100,000 fr.; plus pour frais de vénerie dé
pendant de ce chapitre, 80,000 fr.; plus sur le person
nel, 10,000 fr.; plus attendu que nous avons affaire
un prince très-économe, qui d'un trait de plume a, dit
on, mis les traitemens des conservateurs de 9,000 fr.
4,000. Puissent les ministres en faire autant pour tou
les chefs d'emploi qui figurent au budget de l'état !

S'il fallait remettre droit tout ce qui cloche dan
ce rapport, je n'en finirais pas; mais laissons ces dé
tails. J'aime mieux me hâter de rendre hommage à l.
prodigieuse force dialectique que la commission a dé
ployée dans l'attaque et la solution des questions vitale
de la loi. En effet, elle a commencé par établir, le plu
savamment du monde, que l'usufruit des biens privé
était réuni au domaine de l'état. Voilà ses prémisses
Vous croyez peut-être, après cela, qu'elle en a conclu
que l'usufruit restera à l'état ? Point du tout. La commission place cet usufruit dans le domaine privé qui
appartient au roi.

Puis, redoublant la conséquence, après avoir démon-
tré que l'apanage est pareillement réuni au domaine de
l'état, elle met cet apanage dans le domaine de la couronne, qui appartiendra aussi au roi.

N'admirez-vous pas la rectitude de cette double con-
clusion ?

Vous vous imaginez du moins que la commission va
précompter sur le montant de la liste civile la valeur de
l'usufruit et de l'apanage ? Nullement. A la vérité, cette
valeur est le bien de l'état. Mais, voyez-vous, il con-
vient mieux que le roi jouisse à-la-fois de l'usufruit et
de l'apanage, sans en enir aucun compte, quoiqu'il y

eût compte à faire, et comme de sa chose, quoique ce soit celle de la nation.

Ah! c'est vrai! la distinction! En sorte, n'est-ce pas, que la nation aura tout gagné en droit et tout perdu en fait?

Précisément.

Ce que c'est que d'être logicien!

Après avoir étudié sous toutes ses faces le budget comparé des dépenses, voyons le budget des recettes.

Voici le résultat des recettes de 1830, pour la dotation de la couronne :

Produits ordinaires et extraordinaires en bois, rentes, locatious, concessions, maisons, vente de matériaux, etc. . . . . 3,821,092 f. 48 c.

Plus vente de livrets, plâtres et estampes au public. 15,000

Plus vente au public des porcelaines. 30,000

3.866,092   48

Il faut calculer, en outre, les produits des manufactures de Sèvres, des Gobelins et de Beauvais, donnés en présent ou livrés à divers services de la maison du roi. C'est évaluer au plus bas taux la conversion de ces objets en argent, que de les porter à 300,000 francs. On ne peut comprendre, en effet, au nombre des charges l'entretien des ouvriers et des artistes, la réparation des bâtimens, l'achat des matières premières et les frais

d'administration, sans calculer par compensation le pr
duit approximatif de ces choses-là (1).

Ce sera donc 4,156,092 fr pour le revenu de la dot
tion de la couronne, et il ne faut pas dire que nous pr
nons le revenu de 1830. Car on nous répète sans ces
que Charles X était un prince ignorant et dissipateu
tandis que Louis-Philippe est un prince intelligent
économe; donc ce n'est rien exagérer que de prendre
pour point de départ, le chiffre de Charles X.

Quant au revenu de l'apanage d'Orléans, quel est-i
Il faut croire ici sur la parole du maître; mais enco
faut-il que cette parole parle ? Or, point d'état imprin
et soumis aux chambres. Les uns disent 3 millions, l
autres 2 millions 559.912 fr. Prenons le dernier chiffr
il conviendra mieux; c'est le moindre. Baissons la r
cette, enflons la dépense. Vérité dans la Charte, vé
rité dans les rapports des commissions, vérité dar
les allégations des ministres, vérité dans la liste civile
vérité partout.

Puis, quand nous aurons admis le chiffre de 2 mi
lions 559,912 fr., nous aurons soin d'en rabattre 335,67
fr. pour l'impôt; car il faut savoir que l'apanage paya

----

(1) La dépense des Gobelins s'est élevé, en 1791, à 163,927 fr.
en 1790, à 144,168
en 1789, à 143,242
en 1830, à 288,083
Nous faisons, comme on le voit, des progrès en économie.

Dans le rapport fait par le ministre Roland à la convention nati
nale, le 6 janvier 1793, on lit que la manufacture de Sèvres coûta
350,000 fr., et produisait 282,000 fr. La dépense réelle n'était do
que de 68,000 fr.

l'impôt, attendu que les biens de la couronne en étaient seuls exempts. Ainsi, au lieu de 2,227,234 fr. que touchait net le prince apanagiste, le roi touchera 2,559,912 francs.

Exemption d'impôts, accroissement de jouissance. Voilà qui adoucit singulièrement l'amertume des sacrifices. 555.678 fr. de plus font passer par dessus les tribulations de la réunion, surtout lorsque par la précaution ingénieuse de la commission, les 2 millions 559,912 fr , de l'apanage qui appartient à l'état, ne seront pas précomptés sur le chiffre de la liste civile. A quelles immolations ne doit-on pas se résigner lorsqu'on est roi ?

Il est vrai que par compensation de ce que l'on ôte à l'Etat , on donnera au prince royal un million ; et ici veuillez remarquer combien la commission a ménagé , avec une sollicitude paternelle, les intérêts des contribuables. Le ministère avait proposé d'accorder l'apanage au duc d'Orléans , mais la commission en fait cadeau au père, *à l'hôte de la Nation* , et, par dédommagement , elle alloue au fils un million ; en sorte que la nation paiera 3 millions 557,912 fr. au lieu de 2 millions 559,912 fr. C'est une manière comme une autre d'être plus ministériel que le ministère lui-même, et c'est dans ces heureuses dispositions qu'on va jeter sur la tribune les dés de la liste civile. Pauvres contribuables, la veine n'est pas pour vous !

Encore un léger scrupule. Vous allez donner 1 million à un jeune homme de vingt ans, qui sort du collège, et qui n'est pas encore roi. Combien donniez - vous au génie le plus extraordinaire des temps modernes, à ce consul de la république qui pressait déjà les rois dans

sa main ? 5oo.ooo fr. Le duc d'Orléans vaudrait-il de
fois plus que Napoléon ? Aidez-moi donc, car je ne p
pas bien saisir la raison de la différence. Qu'a-t-on p
pour terme de comparaison ? Est-ce la capacité ? est-ce
puissance ? Quoi ?

Ah ! j'oubliais qu'il y a une petite forêt d'Orléans dc
l'Etat jouit, et qu'on annexe à l'apanage, apparemme
parce qu'il n'y en a pas assez comme cela, et que qua
on fait les choses, il fant les faire *magnifiquement*, sel
la belle expression du rapporteur. Va donc pour 3o,ooo
de rente par addition!

Quant à l'usufruit des biens privés, la commission
le mentionne que pour mémoire. Encore un cadeau
Est-ce parce-que l'année 1852 commence et que les p
tits présens entretiennent l'amitié ? Moi, qui ne suis p
donneur de l'argent des autres, je précompterai ce
bagatelle de 1,795,ooo fr. de rente, et j'établirai le bu
get de Louis-Philippe en recettes, de la manière su
vante, et au plus juste prix :

Budget approximatif des recettes de Louis-Philippe.

Revenus de la dotation de la couronne. 4,156,092
Revenus de l'apanage d'Orléans. 2,559,912
Usufruit des biens privés. 1,795,ooo
Dotation du prince royal. 1,ooo,ooo
Liste civile. , ... 14,000,000
                                         ——————
                                         23,521,004
                                         ——————
                    Otez-en. 11,2i3,5oo
                                         ——————
Excédant de la recette sur la dépense. . 12,227,5o4

Je ne sais pas comment s'arrangent les rois féodaux qui trônent dans les autres pays de l'Europe, ni ce qu'il leur reste à la fin de l'année, mais je ne crois pas qu'il y en ait un seul qui pourra se vanter de faire d'aussi solides économies que notre roi bourgeois.

Toutefois, il me semble que si j'avais eu l'honneur d'être appelé à le conseiller dans une occasion aussi solennelle, qui ne s'offre qu'une seule fois dans la vie d'un monarque français, je lui aurais dit :

« Songez, Sire, à cette gloire si rare et si pure d'un citoyen appelé comme vous au gouvernement de son pays, assez désintéressé pour ne rien demander, assez riche pour ne rien coûter au peuple. Vous le savez, Sire, votre fortune personnelle est immense. Vous possédiez avant de monter sur le trône, si je ne me trompe,

En biens privés.........	41,000 hect. de bois.
En apanage............	56.000
La reine votre épouse....	2,800
Vos enfans.............	314
La princesse votre sœur.	28,800
Le duc d'Aumale (s'il gagne son procès)......	50,000
	178,914 hectares.

Ces bois produisent annuellement, dit-on, savoir :

Au profit du roi (biens privés).	1,720,000
———————— (apanage)....	2,500,000
——— de la reine.............	130,000
——— des princes et princesses.	23,000
——— de Mme Adélaïde........	1,120,000
——— du duc d'Aumale........	2,000,000
	7,493,000

» Il suit, de ce petit aperçu, que votre auguste
mille, Sire, est patrimonialement la mieux rentée,
forêts, de toutes les familles princières de l'Europe.

» Je me permettrai aussi de vous rappeler que le
d'Aumale, n'étant âgé que de dix ans, vous jouirez
ses deux millions de revenus (toujours s'il gagne
procès), aux termes de l'article 384 du Code civil, j
qu'à ce qu'il ait atteint dix-huit ans accomplis, c'est
dire pendant huit ans et seize jours.

» Je ne sais pas si, indépendamment de vos imm
bles qui sont au soleil, et qui, par conséquent, peuv
se reconnaître et s'apprécier, vous auriez de riches
pitaux placés sur l'état, ou sur des particuliers, ou
des banques plus ou moins éloignées. Ma respectue
discrétion m'interdit à cet égard, toute recherche
toute demande.

» Sire, vous avez la simplicité d'un philosophe et
mœurs d'un honnête homme; qu'avez-vous besoin
tant de richesses? que vous servira-t-il d'ajouter 126,
hectares de bois à 356,000 que vous possédez déj
L'ornement de votre trône, n'est-ce pas la vertu de
reine? Vos perles et vos diamans, n'est-ce pas vo
jeune et charmante famille? Les douceurs de la vie
mestique, ne les regrettez-vous plus ? L'amour des Fr
çais soulagés ne rira-t-il pas mieux à vos regards que
pompe, l'étiquette et les futiles cérémonies de vos fê
théâtrales ?

» Ah ! Sire, lorsque pauvre et fugitif vous alliez é
dier la liberté sur les rivages de l'Amérique, ou que d
les vallées de la Suisse, vous honoriez votre proscript
par la dure patience du travail, vous ne vous doutiez

qu'un jour des flatteurs, peste des cours, vous proposeraient de ne pas vous contenter, sur un trône populaire, de cinq à six millions de rentes. Repoussez les perfides conseils de ces hommes qui n'aiment point le peuple, et qui ne vous aiment pas. Faites déclarer par les chambres que vos biens privés, ainsi que l'apanage dont vous avez prescrit la propriété par 160 ans de possession, vous appartiendront sans retour. Gardez ce Palais-Royal, que vous avez embelli pour l'agrément du public et pour votre profit. Ne demandez pour vous qu'un palais d'hiver avec une résidence d'été ; mais demandez pour la reine 1,500,000 fr. que nous vous accorderons avec joie, pour qu'elle les répande en bienfaits, et se fasse aimer et bénir encore bien davantage ; car il n'y a que les femmes qui savent, sans la dégrader, soulager l'infortune. Voilà, sire, votre liste civile.

» Laissez à la nation ces 14 millions d'argent qui, ajoutés à tant d'autres, épuiseraient ses forces et sa substance ; ces vastes palais qui ne doivent être pleins que de sa grandeur ; ces bibliothèques et ces musées qui sont les nobles plaisirs de son goût et de son intelligence ; ces bandeaux de diamans et ces couronnes de perles orientales qui ne siéent qu'à la beauté de cette reine majestueuse.

» Pour vous, tirez votre éclat de votre modestie ; votre gloire de sa puissance, et votre force de sa liberté.

» Sire, si cette fatalité qui pousse et renverse les rois les uns sur les autres, et qui les traîne par les mêmes chemins aux mêmes abîmes, s'attachait un jour à vos pas ; si l'un de ces coups de tonnerre qui éclatent dans la sombre nuée des tempêtes politiques, vous précipitait du trône, il serait beau pour vous d'en descendre comme vous y êtes monté, sans avoir rien couté à votre pays !

Paris. Imprimerie de SÉTIER, rue de Grenelle-Saint-Honoré, n. 2